Easy Chinese

全新版華語 2

習作B本

目ㄇㄨˋ次ㄘˋ

一 上學

生字	到(ㄉㄠˋ)	家(ㄐㄧㄚ)	像(ㄒㄧㄤˋ)	族(ㄗㄨˊ)	師(ㄕ)
部首	刀(ㄉㄠ)	宀(ㄇㄧㄢˊ)	人(ㄖㄣˊ)	方(ㄈㄤ)	巾(ㄐㄧㄣ)
筆畫	8	10	14	11	10
生字練習	到	家	像	族	師
訂正					

詞語練習					
	看(ㄎㄢˋ)到(ㄉㄠˋ)	大(ㄉㄚˋ)家(ㄐㄧㄚ)	好(ㄏㄠˇ)像(ㄒㄧㄤˋ)	族(ㄗㄨˊ)人(ㄖㄣˊ)	老(ㄌㄠˇ)師(ㄕ)
	。	。	。	。	。
	。	。	。	。	。

(一) 照樣寫寫看：不會寫的字，可以寫注音。

點點頭

捶捶背

（　　）手

（　　）腰

（　　）腳

笑一笑

走一走

（　　）一（　　）

（　　）一（　　）

（　　）一（　　）

(二) 比(ㄅㄧˇ)一(ㄧˋ)比(ㄅㄧˇ)：注(ㄓㄨˋ)音(ㄧㄣ)並(ㄅㄧㄥˋ)造(ㄗㄠˋ)詞(ㄘˊ)。

玩(ㄨㄢˊ)（　）→（　）好(ㄏㄠˇ)玩(ㄨㄢˊ)

頑（　）→（　）

門（　）→（　）

們（　）→（　）

像（　）→（　）

象（　）→（　）

馬（　）→（　）

媽（　）→（　）

二 我的學校好

訂正

生字

生字	注音	部首	筆畫
悄	ㄑㄧㄠˇ	心	10
拉	ㄌㄚ	手	8
話	ㄏㄨㄚˋ	言	13
手	ㄕㄡˇ	手	4
草	ㄘㄠˇ	艸	10

生字練習

悄 拉 話 手 草

詞語練習

詞語	注音
悄悄	ㄑㄧㄠˇ ㄑㄧㄠˇ
拉手	ㄌㄚ ㄕㄡˇ
笑話	ㄒㄧㄠˋ ㄏㄨㄚˋ
高手	ㄍㄠ ㄕㄡˇ
小草	ㄒㄧㄠˇ ㄘㄠˇ

○ ○ ○ ○ ○

○ ○ ○ ○ ○

(一) 詞語練習

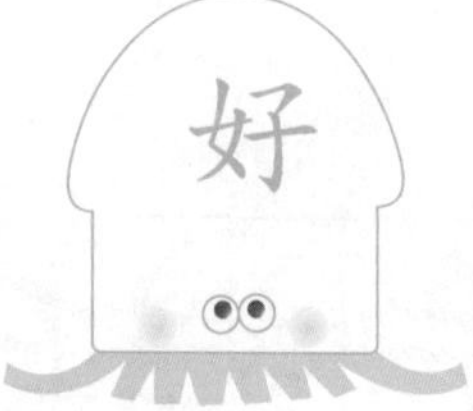

多　(　)　大　高

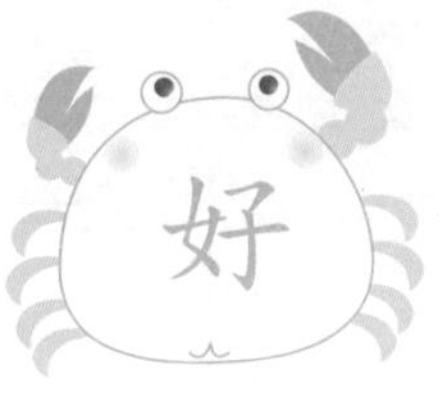

(　)　小　(　)　高

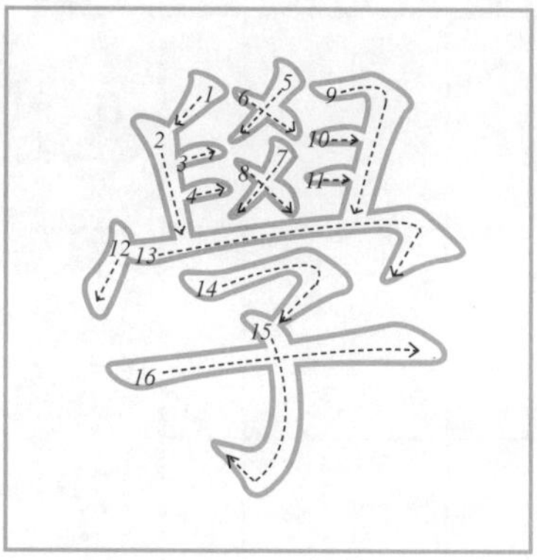

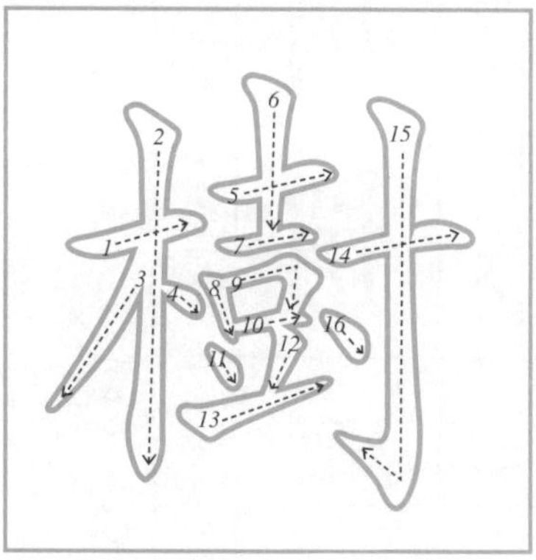

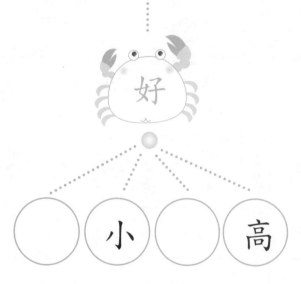

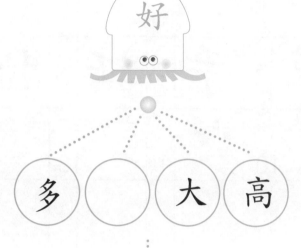

（二）選詞填一填
ㄒㄩㄢˇ ㄘˊ ㄊㄧㄢˊ ㄧ ㄊㄧㄢˊ

好高

好低

好小

好長

1. 學校裡的大樹（　　）。
ㄒㄩㄝˊ ㄒㄧㄠˋ ㄌㄧˇ ㄉㄜ˙ ㄉㄚˋ ㄕㄨˋ

2. 大象聽得到（　　）的聲音。
ㄉㄚˋ ㄒㄧㄤˋ ㄊㄧㄥ ㄉㄜ˙ ㄉㄠˋ　ㄉㄜ˙ ㄕㄥ ㄧㄣ

3. 那粒李子（　　）。
ㄋㄚˋ ㄌㄧˋ ㄌㄧˇ ㄗ˙

4. 這條繩子（　　）。
ㄓㄜˋ ㄊㄧㄠˊ ㄕㄥˊ ㄗ˙

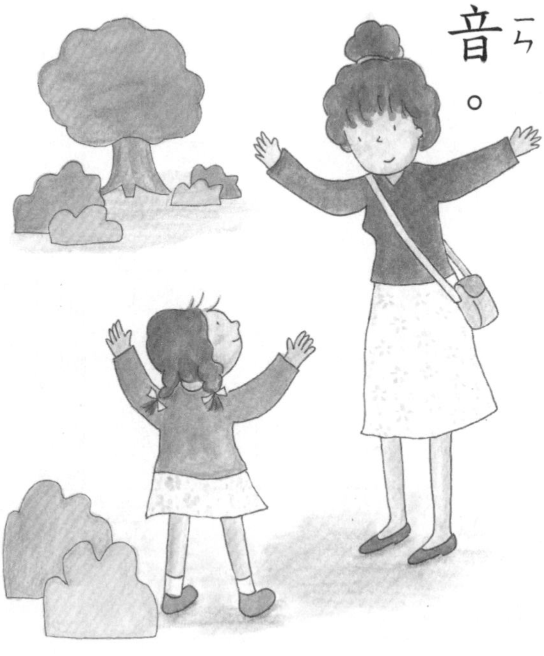

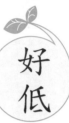

三　上課和下課

	出	也	拍	訴	快	你
訂正						
生字	出 ㄔㄨ	也 ㄧㄝˇ	拍 ㄆㄞ	訴 ㄙㄨˋ	快 ㄎㄨㄞˋ	你 ㄋㄧˇ
部首／筆畫	凵 ㄎㄢˇ／5	乙 ㄧˇ／3	手 ㄕㄡˇ／8	言 ㄧㄢˊ／12	心 ㄒㄧㄣ／7	人 ㄖㄣˊ／7
生字練習	出	也	拍	訴	快	你

詞語練習						
	出來 ㄔㄨ ㄌㄞˊ	也好 ㄧㄝˇ ㄏㄠˇ	拍手 ㄆㄞ ㄕㄡˇ	告訴 ㄍㄠˋ ㄙㄨˋ	快跑 ㄎㄨㄞˋ ㄆㄠˇ	你好 ㄋㄧˇ ㄏㄠˇ
	。	。	。	。	。	。
	。	。	。	。	。	。

(一) 填一填

1. 上課了，我拿出＿＿，也拿出＿＿來。

2. 我拿出＿＿來，也拿出＿＿來，因為上課了。

3. 下課了，我＿＿皮球，你＿＿滑梯。

4. 我＿＿皮球，你＿＿滑梯，因為下課了。

5. 下課了，我們＿＿玩。

6. 我們＿＿玩，因為下課了。

（二）圈一圈　ㄑㄩㄢ ㄧ ㄑㄩㄢ

3.
你 ㄋㄧˇ
的 ˙ㄉㄜ
歌 ㄍㄜ
兒 ㄦ

2.
他 ㄊㄚ
的 ˙ㄉㄜ
弟 ㄉㄧˋ
弟 ˙ㄉㄧ

1.
我 ㄨㄛˇ
的 ˙ㄉㄜ
皮 ㄆㄧˊ
球 ㄑㄧㄡˊ

說 ㄕㄨㄛ
得 ˙ㄉㄜ
好 ㄏㄠˇ

唱 ㄔㄤˋ
得 ˙ㄉㄜ
好 ㄏㄠˇ

吃 ㄔ
得 ˙ㄉㄜ
低 ㄉㄧ

吃 ㄔ
得 ˙ㄉㄜ
好 ㄏㄠˇ

拍 ㄆㄞ
得 ˙ㄉㄜ
好 ㄏㄠˇ

溜 ㄌㄧㄡ
得 ˙ㄉㄜ
快 ㄎㄨㄞˋ

四（ㄙˋ） 雪（ㄒㄩㄝˇ）人（ㄖㄣˊ）

訂正（ㄉㄧㄥˋ ㄓㄥˋ）

生字（ㄕㄥ ㄗˋ）

生字	地（ㄉㄧˋ）	裡（ㄌㄧˇ）	漂（ㄆㄧㄠˋ）	亮（ㄌㄧㄤˋ）	變（ㄅㄧㄢˋ）
部首（ㄅㄨˋ ㄕㄡˇ）	土（ㄊㄨˇ）	衣（ㄧ）	水（ㄕㄨㄟˇ）	亠（ㄊㄡˊ）	言（ㄧㄢˊ）
筆畫（ㄅㄧˇ ㄏㄨㄚˋ）	6	13	14	9	23

生字練習（ㄕㄥ ㄗˋ ㄌㄧㄢˋ ㄒㄧˊ）

地 裡 漂 亮 變

詞語練習（ㄘˊ ㄩˇ ㄌㄧㄢˋ ㄒㄧˊ）

地（ㄉㄧˋ）下（ㄒㄧㄚˋ）	那（ㄋㄚˇ）裡（ㄌㄧˇ）	漂（ㄆㄧㄠˋ）亮（ㄌㄧㄤˋ）	很（ㄏㄣˇ）亮（ㄌㄧㄤˋ）	變（ㄅㄧㄢˋ）白（ㄅㄞˊ）
。	。	。	。	。
。	。	。	。	。

（一）填一填（ㄊㄧㄢˊ ㄧ ㄊㄧㄢˊ）

【 冷冷的（ㄌㄥˇㄌㄥˇ˙ㄉㄜ）　大大的（ㄉㄚˋㄉㄚˋ˙ㄉㄜ）　高高的（ㄍㄠㄍㄠ˙ㄉㄜ）　小小的（ㄒㄧㄠˇㄒㄧㄠˇ˙ㄉㄜ）　長長的（ㄔㄤˊㄔㄤˊ˙ㄉㄜ） 】

1. （　　）雪地（ㄒㄩㄝˇㄉㄧˋ）。

2. （　　）大樹（ㄉㄚˋㄕㄨˋ）。

3. （　　）西瓜（ㄒㄧㄍㄨㄚ）。

4. （　　）沙子（ㄕㄚ˙ㄗ）。

(二) 比一比，再寫一寫

例：山變白了
樹變白了
房子也變白了

1.

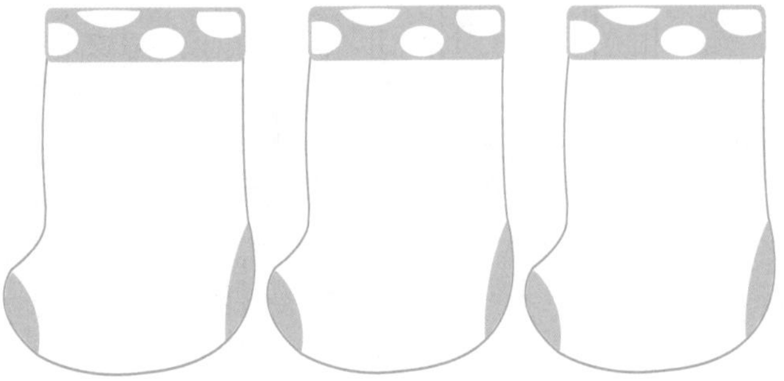

點點頭
點點頭
也點點頭

2.

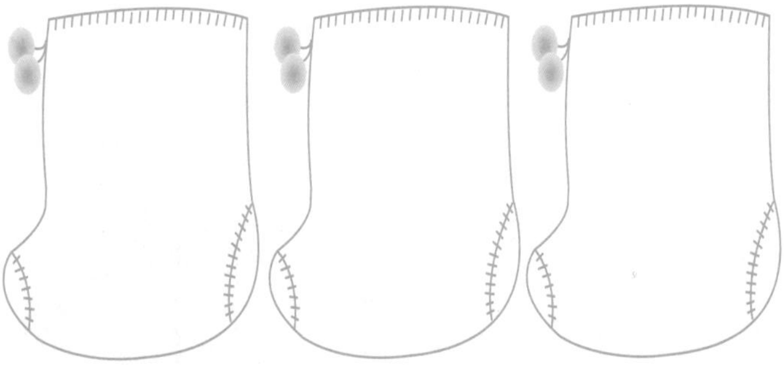

愛我
愛我
也愛我

五ㄨˇ 耶ㄧㄝ 誕ㄉㄢˋ 樹ㄕㄨˋ

站ㄓㄢˋ	閃ㄕㄢˇ	物ㄨˋ	客ㄎㄜˋ	愛ㄞˋ	掛ㄍㄨㄚˋ	生ㄕㄥ字ㄗˋ
立ㄌㄧˋ 10	門ㄇㄣˊ 10	牛ㄋㄧㄡˊ 8	宀ㄇㄧㄢˊ 9	心ㄒㄧㄣ 13	手ㄕㄡˇ 11	部ㄅㄨˋ首ㄕㄡˇ / 筆ㄅㄧˇ畫ㄏㄨㄚˋ
站	閃	物	客	愛	掛	生ㄕㄥ字ㄗˋ練ㄌㄧㄢˋ習ㄒㄧˊ

訂ㄉㄧㄥˋ正ㄓㄥˋ

詞ㄘˊ語ㄩˇ練ㄌㄧㄢˋ習ㄒㄧˊ

站ㄓㄢˋ在ㄗㄞˋ	閃ㄕㄢˇ亮ㄌㄧㄤˋ	禮ㄌㄧˇ物ㄨˋ	客ㄎㄜˋ廳ㄊㄧㄥ	大ㄉㄚˋ愛ㄞˋ	掛ㄍㄨㄚˋ著˙ㄓㄜ
。	。	。	。	。	。
		禮	廳		
。	。	。	。	。	。

（一）連一連（ㄌㄧㄢˊ ㄧ ㄌㄧㄢˊ）

1. 下著（ㄒㄧㄚˋ ㄓㄜ˙）　　　　妹妹（ㄇㄟˋ ㄇㄟ˙）　好聽的歌（ㄏㄠˇ ㄊㄧㄥ ㄉㄜ˙ ㄍㄜ）。

2. 掛著（ㄍㄨㄚˋ ㄓㄜ˙）　　　　樹上（ㄕㄨˋ ㄕㄤˋ）　閃亮的星星（ㄕㄢˇ ㄌㄧㄤˋ ㄉㄜ˙ ㄒㄧㄥ ㄒㄧㄥ）。

3. 笑著（ㄒㄧㄠˋ ㄓㄜ˙）　　　　天上（ㄊㄧㄢ ㄕㄤˋ）　片片的雪花（ㄆㄧㄢˋ ㄆㄧㄢˋ ㄉㄜ˙ ㄒㄩㄝˇ ㄏㄨㄚ）。

4. 唱著（ㄔㄤˋ ㄓㄜ˙）　　　　爺爺（ㄧㄝˊ ㄧㄝ˙）　說（ㄕㄨㄛ）：「換我。換我。（ㄏㄨㄢˋ ㄨㄛˇ。ㄏㄨㄢˋ ㄨㄛˇ。）」

(二) 句子伸長

例：耶誕樹

↓

高大的耶誕樹

↓

一棵高大的耶誕樹

1. 星星
↓
□的星星
↓
□□的星星

2. 西瓜
↓
□的西瓜
↓
□□的西瓜

3. 石子
↓
□的石子
↓
□□的石子

六

新年到

舞ㄨˇ	獅ㄕ	龍ㄌㄨㄥˊ	街ㄐㄧㄝ	奇ㄑㄧˊ	生字	訂ㄉㄧㄥˋ正ㄓㄥˋ
舛ㄔㄨㄢˇ 14	犬ㄑㄩㄢˇ 13	龍ㄌㄨㄥˊ 16	行ㄒㄧㄥˊ 12	大ㄉㄚˋ 8	部首／筆畫ㄅㄧˋㄏㄨㄚˋ	
舞	獅	龍	街	奇	生字練習ㄕㄥㄗˋㄌㄧㄢˋㄒㄧˊ	

舞ㄨˇ	獅ㄕ	舞ㄨˇ	街ㄐㄧㄝ	奇ㄑㄧˊ	詞語練習ㄘˊㄩˇㄌㄧㄢˋㄒㄧˊ
獅ㄕ	子ㄗ˙	龍ㄌㄨㄥˊ	上ㄕㄤˋ	妙ㄇㄧㄠˋ	
○	○	○	○	○	
○	○	○	○	○

(一) 填一填

大街

舞獅

我家

多禮

下雪

同學

(二)算一算，再說一說

1. 今年新年，我拿到（　　　）個紅包。

2. 紅包裡一共有（　　　）元。

3. 我要把紅包裡的錢，拿來（　　　　　　）。

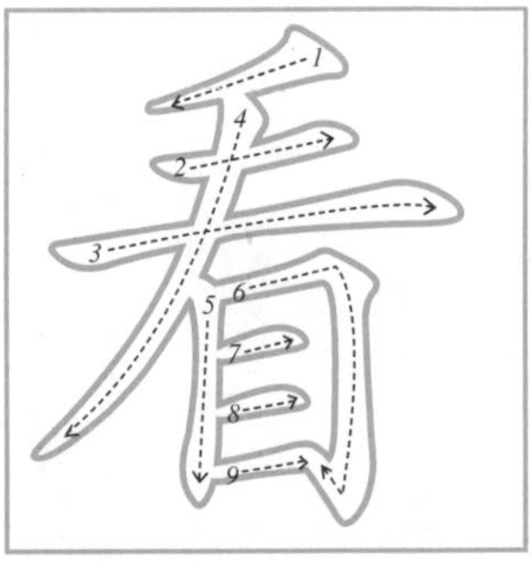

七　打電話

訂正						
生字	打	給	什	吃	記	可
部首	手	糸	人	口	言	口
筆畫	5	12	4	6	10	5
生字練習	打	給	什	吃	記	可

詞語練習

打人	給你	什麼	吃飯	記得	可樂
。	。	。	。	。	。
。	。	。	。	。	。

(一)圈一圈：看圖圈出正確的答案。

1. 小安在吃什麼？

吃水果，吃飯

2. 媽媽在打什麼？

打電話，打球

3. 小明在做什麼？

爬樹，溜滑梯

4. 爸爸在看什麼？

看賽馬，看球賽

(二) 比ㄅㄧˇ一ㄧˊ比ㄅㄧˇ

字	注音	部首	詞語	詞語
媽	（ㄇㄚ）	（女）部	（媽媽）	（姑媽）
嗎	（　）	（　）部	（　）	（　）
課	（　）	（　）部	（　）	（　）
棵	（　）	（　）部	（　）	（　）
門	（　）	（　）部	（　）	（　）
問	（　）	（　）部	（　）	（　）

八（ㄅㄚ） 排（ㄆㄞˊ）隊（ㄉㄨㄟˋ）

訂正（ㄉㄧㄥˋ ㄓㄥˋ）

生字（ㄕㄥ ㄗˋ）	果（ㄍㄨㄛˇ）	汽（ㄑㄧˋ）	次（ㄘˋ）	伍（ㄨˇ）	去（ㄑㄩˋ）	王（ㄨㄤˊ）
部首（ㄅㄨˋ ㄕㄡˇ）	木（ㄇㄨˋ）	水（ㄕㄨㄟˇ）	欠（ㄑㄧㄢˋ）	人（ㄖㄣˊ）	厶（ㄙ）	玉（ㄩˋ）
筆畫（ㄅㄧˇ ㄏㄨㄚˋ）	8	7	6	6	5	4
生字練習（ㄕㄥ ㄗˋ ㄌㄧㄢˋ ㄒㄧˊ）	果	汽	次	伍	去	王

詞語練習（ㄘˊ ㄩˇ ㄌㄧㄢˋ ㄒㄧˊ）

水（ㄕㄨㄟˇ）果（ㄍㄨㄛˇ）。	汽（ㄑㄧˋ）水（ㄕㄨㄟˇ）。	一（ㄧˊ）次（ㄘˋ）。	隊（ㄉㄨㄟˋ）伍（ㄨˇ）。	去（ㄑㄩˋ）玩（ㄨㄢˊ）。	王（ㄨㄤˊ）子（ㄗˇ）。
。	。	。	。	。	。

(一)填一填：看圖填入詞語，完成句子。

小明	妹妹	哥哥

一下子

跑到東，（　　）（　　）

一下子

跑到西。（　　）（　　）

(二) 比一比(ㄅㄧˇ ㄧˋ ㄅㄧˇ)

1. 和

ㄏㄜˊ：（和平）（　）

ㄏㄢˋ：（我和你）（　）

2. 好

ㄏㄠˇ：（好事）（好人）

ㄏㄠˋ：（愛好）（好奇）

3. 不

ㄅㄨˋ：（不能）（不可）

ㄅㄨˊ：（不要）（不對）

九 請朋友吃飯

訂正						
生字	友（ㄧㄡˇ）	心（ㄒㄧㄣ）	怎（ㄗㄣˇ）	半（ㄅㄢˋ）	東（ㄉㄨㄥ）	玩（ㄨㄢˊ）
部首	又（ㄧㄡˋ）	心（ㄒㄧㄣ）	心（ㄒㄧㄣ）	十（ㄕˊ）	木（ㄇㄨˋ）	玉（ㄩˋ）
筆畫	4	4	9	5	8	8
生字練習	友	心	怎	半	東	玩

詞語練習						
	朋（ㄆㄥˊ）友（ㄧㄡˇ）	心（ㄒㄧㄣ）地（ㄉㄧˋ）	怎（ㄗㄣˇ）麼（˙ㄇㄜ）	半（ㄅㄢˋ）天（ㄊㄧㄢ）	東（ㄉㄨㄥ）風（ㄈㄥ）	玩（ㄨㄢˊ）球（ㄑㄧㄡˊ）
	。	。	。	。	。	。
	。	。	。	。	。	。

(一) 想一想：還可以怎麼說？

1\. 你是哥哥嗎？

你是不是（　　　　　　　　）？

2\. 你想去看花嗎？

你是不是（　　　　　　　　）？

3\. 妹妹起來了嗎？

妹妹是不是（　　　　　　　　）？

(二) 填一填

1. （我）請（朋友）（吃飯）
2. （　　）請（　　）（　　）。
3. （　　）請（　　）（　　）
4. （　　）請（　　）（　　）
5. （　　）請（　　）（　　）

十(ㄕˊ) 麻(ㄇㄚˊ)雀(ㄑㄩㄝˋ)

訂正						
生字	雀 ㄑㄩㄝˋ	哈 ㄏㄚ	泡 ㄆㄠˋ	群 ㄑㄩㄣˊ	喳 ㄓㄚ	麻 ㄇㄚˊ
部首 / 筆畫	隹 ㄓㄨㄟ / 11	口 ㄎㄡˇ / 9	水 ㄕㄨㄟˇ / 8	羊 ㄧㄤˊ / 13	口 ㄎㄡˇ / 12	麻 ㄇㄚˊ / 11
生字練習	雀	哈	泡	群	喳	麻

詞語練習						
	麻雀 ㄇㄚˊ ㄑㄩㄝˋ	哈哈 ㄏㄚ ㄏㄚ	泡水 ㄆㄠˋ ㄕㄨㄟˇ	牛群 ㄋㄧㄡˊ ㄑㄩㄣˊ	吱喳 ㄓ ㄓㄚ	麻子 ㄇㄚˊ ˙ㄗ
	。	。	。	。	。	。
	。	。	。	。	。	。

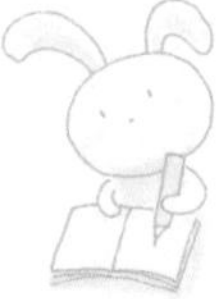

(一) 寫出另一半的字

口▢（ㄏㄚ）→ ▢▢

口▢（ㄔㄤˋ）→ ▢▢

▢喜（ㄒㄧ）→ ▢▢

君▢（ㄑㄩㄣˊ）→ ▢▢

▢支（ㄓ）→ ▢▢

▢查（ㄓㄚ）→ ▢▢

氵▢（ㄆㄠˋ）→ ▢▢

★小朋友，寫完這些字，你發現什麼？

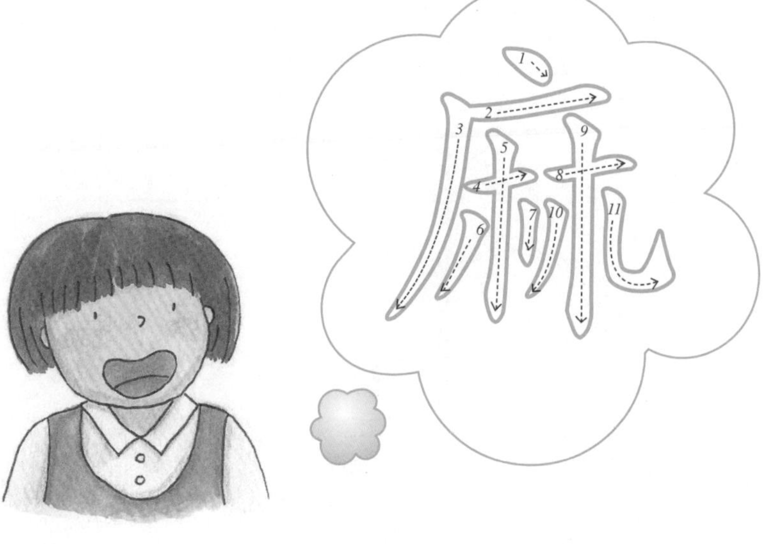

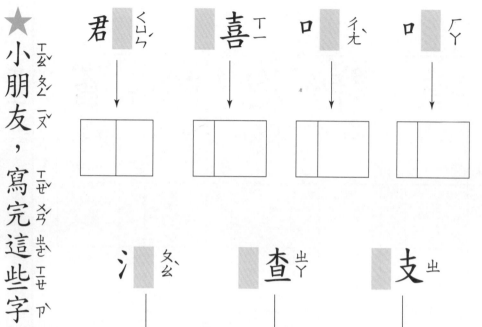

(二) 填一填：寫上合適的字。

1. 有空來我家□□話。

2. 有空來我家□□書。

3. 有空來我家□□茶。

(三) 圈出對的字

1. 我（跑 泡）茶給媽媽喝。

2. （哈哈哈 合合合）！我先到家。

3. 一（群 君）人爬上樹。

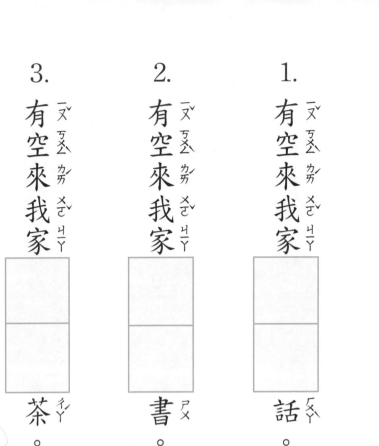

十一、房子

項目						
訂正						
生字	寬 ㄎㄨㄢ	歡 ㄏㄨㄢ	屋 ㄨ	梯 ㄊㄧ	頂 ㄉㄧㄥˇ	躺 ㄊㄤˇ
部首／筆畫	宀 ㄇㄧㄢˊ／15	欠 ㄑㄧㄢˋ／22	尸 ㄕ／9	木 ㄇㄨˋ／11	頁 ㄧㄝˋ／11	身 ㄕㄣ／15
生字練習	寬	歡	屋	梯	頂	躺

詞語練習

寬大 ㄎㄨㄢ ㄉㄚˋ	歡笑 ㄏㄨㄢ ㄒㄧㄠˋ	屋子 ㄨ ˙ㄗ	長梯 ㄔㄤˊ ㄊㄧ	頂樓 ㄉㄧㄥˇ ㄌㄡˊ	躺平 ㄊㄤˇ ㄆㄧㄥˊ
。	。	。	。	。	。
。	。	。	。	。	。

(一) 讀一讀ㄉㄨˊㄨˊ：意思ㄧˋㄙ一樣ㄧˋㄧㄤˋㄇㄚ˙嗎？

4.
山ㄕㄢ
上ㄕㄤˋ

上ㄕㄤˋ
山ㄕㄢ

3.
樓ㄌㄡˊ
頂ㄉㄧㄥˇ

頂ㄉㄧㄥˇ
樓ㄌㄡˊ

2.
躺ㄊㄤˇ
平ㄆㄧㄥˊ

平ㄆㄧㄥˊ
躺ㄊㄤˇ

1.
喜ㄒㄧˇ
歡ㄏㄨㄢ

歡ㄏㄨㄢ
喜ㄒㄧˇ

7.
唱ㄔㄤˋ
歌ㄍㄜ

歌ㄍㄜ
唱ㄔㄤˋ

6.
笑ㄒㄧㄠˋ
嘻ㄒㄧ
嘻ㄒㄧ

嘻ㄒㄧ
嘻ㄒㄧ
笑ㄒㄧㄠˋ

5.
山ㄕㄢ
下ㄒㄧㄚˋ

下ㄒㄧㄚˋ
山ㄕㄢ

(二) 看圖填寫

1. 我住在（高高）的（　　）。

2. 你住在（　　）的（　　）。

3. 我想躺在（　　）看屋頂。

4. 你想爬上（　　）看草地。

(三) 根據上面的句子畫圖

1	3
2	4

十二 唱歌

訂正						
生字	首 ㄕㄡˇ	進 ㄐㄧㄣˋ	林 ㄌㄧㄣˊ	聽 ㄊㄧㄥ	美 ㄇㄟˇ	河 ㄏㄜˊ
部首	首 ㄕㄡˇ	辵 ㄔㄨㄛˋ	木 ㄇㄨˋ	耳 ㄦˇ	羊 ㄧㄤˊ	水 ㄕㄨㄟˇ
筆畫	9	12	8	22	9	8
生字練習	首	進	林	聽	美	河

詞語練習	一首 ㄧˋ ㄕㄡˇ	走進 ㄗㄡˇ ㄐㄧㄣˋ	樹林 ㄕㄨˋ ㄌㄧㄣˊ	聽到 ㄊㄧㄥ ㄉㄠˋ	美妙 ㄇㄟˇ ㄇㄧㄠˋ	河水 ㄏㄜˊ ㄕㄨㄟˇ
	。	。	。	。	。	。
	。	。	。	。	。	。

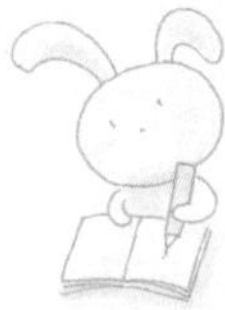

(一) 寫一寫

1.

一（句）　一句的說

一（首）　一首的（　）

一（　）　一（　）的吃

一（　）　一（　）的穿

2.

（溜）過小橋下

（　）過十字路口

（　）過小山坡

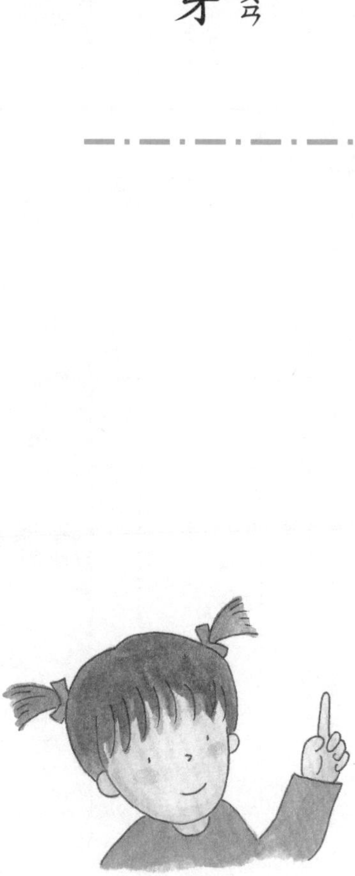

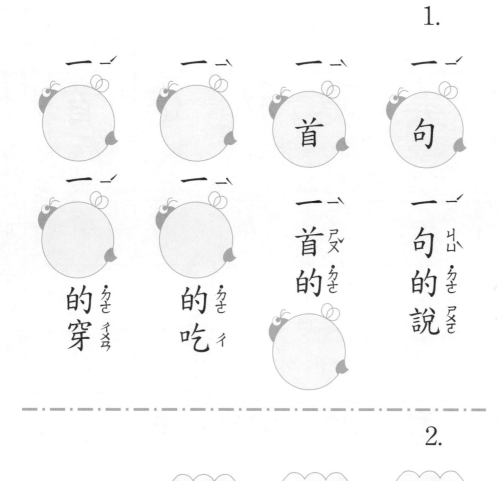

（二）接龍：不會的字可以注音。

（三）把句子拉長

ㄕㄢ ㄕㄤ　　　　ㄒㄧ ㄕㄨㄟ　　　ㄆㄞ ㄕㄡ
山上　　　　　　溪水　　　　　　拍手
↓　　　　　　　↓　　　　　　　↓
ㄕㄤ ㄔㄜ　　　　ㄕㄨㄟ ㄏㄨㄚ　　ㄕㄡ ㄒㄧㄣ
上車　　　　　　水花　　　　　　手心
↓　　　　　　　↓　　　　　　　↓
ㄔㄜ　　　　　　ㄏㄨㄚ　　　　　ㄒㄧㄣ
車（　）　　　　花（　）　　　　心（　）

ㄨㄛ˙ㄇㄣ ㄉㄠ ㄕㄢ ㄕㄤ
我們到山上。

ㄨㄛ˙ㄇㄣ ㄉㄠ ㄕㄢ ㄕㄤ
我們到山上（　）。

ㄨㄛ˙ㄇㄣ ㄆㄞ ㄆㄞ ㄕㄡ
我們拍拍手。

ㄨㄛ˙ㄇㄣ ㄆㄞ ㄆㄞ ㄆㄞ ㄕㄡ
我們拍拍拍手（　）。

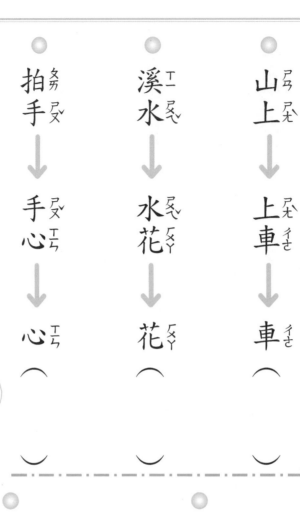

MW00748580

【全新版】華語習作B本第二冊

總 主 編◎蘇月英
編撰委員◎蘇月英、李春霞、胡曉英、詹月現、蘇 蘭
吳建衛、夏婉雲、鄒敦怜、林麗麗、林麗眞
責任編輯◎胡琬瑜
插 畫◎張振松、江儀玲、江長芳、利曉文、鄭巧俐
美術設計◎利曉文
封面設計◎賴佳玲
發 行 人◎曾高燦
出版發行◎流傳文化事業股份有限公司
地 址◎(231)新北市新店區復興路43號4樓
電 話◎(02)8667-6565
傳 眞◎(02)2218-5172
郵撥帳號◎19423296
網 址◎http://www.ccbc.com.tw
E-mail:service@ccbc.com.tw
香港分公司◎集成圖書有限公司 — 香港皇后大道中283號聯威商業中心8字樓C室
TEL：(852)23886172-3 · FAX：(852)23886174
美國辦事處◎中華書局 — 135-29 Roosevelt Ave. Flushing, NY 11354 U.S.A.
TEL：(718)3533580 · FAX：(718)3533489
日本總經銷◎光儒堂 — 東京都千代田區神田神保町一丁目五六番地
TEL：(03)32914344 · FAX：(03)32914345

出版日期◎西元 2002 年 5 月臺初版（50011）
西元 2004 年 3 月臺二版（50026）
西元 2010 年 4 月臺三版一刷
西元 2012 年 3 月臺三版三刷
印 刷◎世新大學出版中心

分類號碼◎802.85.066
ISBN 978-986-7397-43-0

定 價：60元